Opaline Allandet

Pétales de vie

poésie

Éditions Dédicaces

PÉTALES DE VIE

Dépôt légal :
Bibliothèque et Archives Canada
Bibliothèque et Archives nationales du Québec

POUR TOUTE COMMUNICATION :

Site Web : http://www.dedicaces.ca
Courriel : info@dedicaces.ca

Blogue officiel : http://www.dedicaces.info
MonAvis : http://monavis.dedicaces.ca

Opaline Allandet

Pétales de vie

Préface

« Pétales de vie » est un recueil qui décrit la vie dans toutes ses étapes, depuis la prime jeunesse jusqu'à la mort, comme une marguerite qui s'effeuille…

Les deux premiers « pétales » représentant la jeunesse ou le printemps de la vie, sont composées de poèmes clairs, où percent la joie de vivre, la découverte de l'aour et des plaisrs qui s'y rattachent.

Les troisième et quatrième « pétales » correspondent à l'âge adulte, à la maturité. Ces poèmes sont davantage posés. C'est l'âge où l'on réfléchit , où l'on observe toute chose, mais la vie explose encore.

Le cinquième « pétale » correspond à l'automne de la vie, et arrivent la nostalgie du passé, la peine de voir défiler la vie si éphémère. Les poèmes deviennent teintés de gris.

Le sixième « pétale » s'apparente à la vieillesse. L'êtrte humain souffre de voir s'approcher la fin de sa vie, et son angoisse est omniprésente. C'est le temps de la solitude, du regret des amours défuntes. C'est aussi la peur de mourir. Les poèmes devienne sombres, puis noirs.

Le septième «pétale » représente une vie nouvelle qui succède à la mort. Car un être nouveau, mais différent du précédent, naît et s'ouvre à la lumière.. Les poèmes redeviennet clairs.

Ainsi le septième « pétale » rejoint le premier, et le cycle de la vie est bouclé. Car la mort rejoint la vie, tout comme dans la nature où, après l'hiver, renaît le printemps. C'est ma philosophie personnelle.

OPALINE ALLANDET

Premier Pétale

Nos rêves

La brume
Fraîche musique du soir
    Nous conduit

    Jusqu'aux blanches ténèbres
De la nuit

L'insomnie
Ne sonne plus
    A nos portes ouvertes

      Sur des essaims
      D'étoiles bleues

    Nos rêves
      Décrivent l'insoupçonné
Endormi
Sous nos paupières closes

    Mais celui-ci
      Surgira
      Eblouissant

    Avec une aube nouvelle

Que j'aime !

Que j'aime les forêts
Les sapins
Frissonnant
Sous les rafales de vent
De l'été azuré !

Que j'aime les rivières
Murmurant
Des comptines
Entre les rochers escarpés !

Que j'aime les montagnes
Quand elles se taisent
Pour écouter la pluie
Dévaler leurs rochers !

Que j'aime
Contempler
L'envol des passereaux
Survolant
L'infini bleu !

Que j'aime cette terre
Entre fleurs et cailloux
Sous le ciel prisonnier
Des nuages courroucés !

Folles aventures

La pluie a ruisselé
Sur ses anciennes amours

Lumières éteintes
Absences
Sans regret

D'un rythme insouciant
Une éternelle jeunesse
A terni ces promesses

La vie
Est éphémère :

Libellule au ras de l'eau
Roitelet sur la branche
Feuillage mouvant
Sur l'étang
Reflété

Plaisirs multipliés
C'est vous qu'il suivra

Sans demi-mesure
Son corps découvrira
De folles aventures !

Le coeur

Le coeur

Est une fleur sauvage

Un blond papillon

Un blanc nuage

Sauf

S'il rencontre la passion

Car il devient

Tourbillon

Le poète rêve

Le soleil du matin
Doucement
Chauffe et dore

Un chemin de gazon
Quelques fruits
De la haie

Et le poète rêve
D'un regard langoureux
De cheveux
Sans couleur
De baisers savoureux

Longs baisers
Qui damnent
Et aspirent l'âme

L'amour

L'amour est
    Une jolie rose
        Qu'il faut cueillir
    Sans s'attarder

Avec beaucoup de précaution
    Car elle peut
Se transformer
    En un vilain chardon

L'amour nous rend
    Heureux et rêveurs

    Il remplit nos cœurs
De poésie
    Avec des mots
        De velours doré

Il est le printemps
    Qui explose

Radieuse matinée

La douceur
De l'aube bleue
Sous la coulée
Du printemps

Annonce
Un ciel illuminé

La terre
S'enflamme de renouveau

La blonde couleur
Du soleil
Alliée
A la brise légère
S'ajoutent à l'allégresse
Des oiseaux

Radieuse matinée

Explosion du printemps

Admirons
    L'explosion du printemps
   Sa belle floraison
    Sous le soleil complice !

Renouvelant ses charmes
    Emperlés de rosée
Il projette
    Ses flammes
Sur notre destinée

Les pins échevelés
    Coiffent les herbes tendres
Et partout
    Dans les prés
Les fleurs sont envoûtantes

    La vie
Ne veille pas :
Il faut savoir cueillir
    L'amour inattendu
        Pour notre doux plaisir

L'été

L'été exulte
Et en défi
Le soleil implacable luit

Le vent ne peut
Tourner la page
Que sous la tempête
Et l'orage

Adieu bonheur !
Où donc le printemps
S'est-il enfui ?
Enlisé
Dans le ciel trop bleu
D'une saison
Chargée de feu ?

J'attends la brume
Mon amie
Houppelande
Sur la montagne
Dans l'apaisement
De l'automne

Sérénité qui rayonne

Crépuscule de printemps

Nuages violets

Dans le crépuscule

Naissant

Le soleil

Eteint

Se laisse envahir

Par l'ombre

Mais les montagnes

Resplendissent encore

De lumière dorée

Sa douce absence

Sa douce absence

Oscille entre

Une aube printanière

Triste

Pluvieuse

Et

Un crépuscule d'automne

Lumineux

Orangé

Vêtu de sa beauté

La lampe

Rougeoiement du soleil
A travers les voilages
Lustrés d'orange

Espace muet
Dans l'attente
Des ombres esquissées :
Crépuscule naissant

Roches décorées
De bonheur
Dans mon Jura natal
Le vent seul les effleure....

Mon doigt indique
Le chemin à suivre
Loin des vagues humaines

Le silence résonne
Au-dessus
De la vieille demeure
Où à l'intérieur
Entre deux points
Et deux virgules

La lampe du poète veille encore

Il est l'aube

Taches jaunes
Des dahlias fleuris
Parmi
Un jardin automnal

Comme la lumière
De son regard doré
Déposé sur moi

Loin de moi
Son charme m'appelle
Silencieusement

Et je brûle
De le rejoindre
Pour l'oublier
En moi

La nuit a fermé
Ses noires paupières

Et les miennes se déploient
Sur son énigmatique
Beauté
Roi de ma destinée

Il est l'aube
Qui me rend jolie
Le soir
Qui me rafraîchit

Et je me noie
Dans le parfum de sa vie

J'écrirai...

Dans la chaleur lourde
      De l'été
Il ferme les yeux
        Pour mieux entendre
Le silence
      Déjà surgi

J'écrirai sur sa peau
      Des rêves
       Avant de les effacer
        Par mes lèvres

Nous chercherons
      Des mots d'amour
      A parfum du soir

Puis nous les cacherons
      A peine
Dans des buissons
      De douceur....

J'ai vu

J'ai vu l'aube
      Avec son châle bleu
De splendeur
      Sur son fin visage

J'ai vu
    Le lever du jour
      En son regard
    Couleur d'océan

Puis j'ai vu
    Le soleil étinceler
Par sa voix cristalline

    Cascadant
      Entre deux soupirs

Fleur amoureuse

Tulipe amoureuse
    Des caresses du vent

Sa beauté s'harmonise
    Aux émois du printemps

    Le parfum de l'amour
        Aux multiples visages
S'évapore
        Souvent frivole

    Laissons-le s'évader
        Par-delà les monts

    Empli de douce grâce
Sous un ciel
Sans nuage

N'apprécions d'instant
    Que celui où s'unissent

        Le soleil conquérant
A la nuit qui s'immisce

Le soir

Son cristallin et pur
Du carillon de l'église

Franchissant
Le soir sibyllin
Dans la nature enjôleuse

Il nous rappelle
Que la nonchalante nuit
Chargée de mystère

Est une présence
Qui nous hante

J'ai grimpé le chemin
Conduisant
Jusques aux cimes

Mais je n'ai pu
Toucher le ciel

Impalpable pour moi

Sur la mer

En couleurs rougeoyantes
La mer
Telle une mare de sang
Etincelle

D'un liseré sombre
Le crépuscule
Ourle la terre

Le soleil
Dissimulé
Derrière les collines
Colore les nues

En formes étranges

Celles-ci
Se reflètent

Ombres roses
Sur les flots

Douceur du soir
Avant la nuit

Parée de mystère

Au-dessus du vide

Au-dessus du vide
　　Résonne l'impalpable

　　　　Et j'admire le ciel
　　Bleu sang pour eux
　Les amants impossibles
Du passé

　　　Mais
　　　　Bleu rosé
　　Pour les bien-aimés
　　　　　　Du futur

　　　Cependant
　　Les oiseaux chantent encore

　　　Pour lui
Cueillir le vide
　　Le flot sous le pont
　　Le souffle du zéphyr
　　　　　　A l'aube
　　Un parfum de mystère

　　　　Pour les lui offrir
　　　Coeur à coeur.

Loin de moi

Les étoiles
　　　　Parfument le printemps
Les rêves inégaux
　　　　De l'amour

Le coeur battant
J'épie le silence
　　　　Devenu mien

Je voudrais être
Une autre que moi-même
　　　　Qui suis
Insignifiante et cachée

Et courir
　　　　Vers la lumière
Les mains
　　　　Tendues vers le ciel

Ne plus me consumer
Par mille feux éteints

J'aimerais ouïr
Les scintillements de la pluie
　　　　Caresser les charmes
　　　　De la nature

Et puis le serrer
　　　　　　　Loin de moi
　　　　Pour me rapprocher de lui....

Pluie d'été

Pluie d'été
    Aux perles rafraîchissantes
Qui tambourine
    En éclats bleus

    Au-dessus de nous

Ecoutons encore
    Cette belle mélodie
De la pluie
    En gouttes scintillantes
        Sur nos folies

Rosée

Du ciel
Du soleil
De la terre

      Délicieux été

Une barque
Sur l'étang
Reflétée

      Tintinnabulante

Tendresse
D'une goutte
De rosée

      Sur un lys posée

Deuxième Pétale

Chanson

L'eau claire coule sous le pont
        Roulent les flots
        Glisse son chant
La rivière traverse les champs
        Flottent les vagues
        Souffle le vent

Mes yeux ouverts sur l'horizon
        Vertes prairies
        Et gais vallons
L'étoile file au firmament
        Descend la nuit
        Tout doucement

Mes rêves tissent une couronne
        Avec des branches
        Et des nuages
Et les couplets d'une chanson
        Avec des mots
        Avec des sons

Des oiseaux volent vers les cieux
        Des merles noirs
        Et des pinsons
Un lapin trotte dans le bois
        Parmi les herbes
        A l'abandon

Lointain soleil

Dans l'innocence de ma vie

Son vif regard
M'a fascinée !

Il ignore
Que je le rêve
Serré
Contre ma peau
Brûlante

Lui

Mon lointain soleil
Ruisselant
Par-dessus la mer

Dans la nuit sans fin
Je savoure enfin
Son parfum aimé

Qui me fait tant rêver...!

Le langage des fleurs

Aimons le langage des fleurs :
    Tulipe, bleuet, azalée

        Eclatantes de couleurs

    L'oeillet symbolise
            L'ardeur
    Un amour fort et spontané

Les orchidées
      Sont des faveurs
          Par leur élan et majesté

     Le lys
        Apporte la grandeur
     Et le jasmin
           La volupté

     Offrons des gentianes
        A qui se plaît
Dans sa douleur

Tournons le dos
A nos malheurs
     En cueillant la giroflée

Et n'oublions pas
     La petite pensée
Pour nous faire pardonner

Aimons le langage des fleurs
     Eclatantes de couleurs

Forêt vide

J'écoute le silence
De la forêt vide

Sous la moite torpeur
    Soupirent les nuages

    Et je reste immobile
Sous les verts feuillages

    Deux papillons
                Voltigent
Sont-ils donc amoureux ?

    De jolies fleurs
            Se penchent
    Pour caresser mon cœur

J'aime respirer l'odeur
    Des herbes brûlées

Et je m'endors enfin
        Grisée
Par le souffle
        De l'été

A ma fenêtre

Quand la mer
Se retire
En frôlant les rochers
Alors les flots soupirent

La plage est désertée....

Puis dans la nuit la lune
De son feu rayonnant
Illumine
Les vagues serpentines

A ma fenêtre
Je contemple l'aurore
Car bientôt va renaître
Un matin
Ambré d'or

Son visage

J'ai vu
        Le printemps couler
Dans sa brune chevelure

Dans son visage
            Où le temps
N'a nulle emprise

            Les rêves
                Naviguent en ses yeux
            Couleur de nuées grises

            Ils ont
La profondeur
Des longues nuits d'hiver
            Ainsi que l'éclat
            Des fleurs printanières

Ses roses lèvres charnues
            Sont une invite au baiser
            A laquelle
Il ne faut pas succomber

Merveilleux délice

Attendre l'amour
    Qui s'esquisse
    Qui se profile
        Au matin bleu
Se faufilant
    Entre nous deux

Quel délicieux supplice !

Ressembler
    A la rose
        Dépliant peu à peu
      Ses pétales
        Vers les cieux

    Au printemps
La plus belle des saisons!

    Oser croire
        Que cette passion
Jamais ne fondra
    Dans la brume dense
D'un automne gris

Quel merveilleux délice !

Deux amoureux

Courbure d'une branche

Telle une arabesque

Au-dessus du ruisseau

Un flot de lumière

Inonde

Eblouit

Deux amoureux

Assis dans l'herbe

Dont les mains se rejoignent

Voici le temps

Les saules
Ont séché
Leurs pleurs

Voici le temps
Des fleurs et des fruits

Rêves
De chers instants
A la lueur
De cette bougie
Vaillante encore

Une aurore
De fin d'été
Sur des cailloux
Entremêlés
Aux herbes folles

Le soleil matinal
Lentement
Avale
Un croissant de lune
Puis le jour
Explose

Comme une rose
S'offrant aux cieux

Noces de verdure

Du lierre

      Les feuilles

      S'enroulent

      Autour

      Du tronc

      Du poirier

-Noces de verdure -

      Quand l'automne

         Ouvre sa porte

      A la tendresse

La sirène des forêts

Comme une fontaine
Songeuse
Comme un soleil
Dans la nuit

La sirène des forêts
Murmure
Des chansons
A la lune son amie

Son habit
Brodé de lumière
Et son rire frais
De colombe

Effleurent à peine
Les sentiers
Jonchés de mousses

Sous ses pas
Mugit le vent
Arrachant
Les feuilles mortes

Pour lui construire
Un nid d'amour

Et les sapins
S'inclinent devant elle

Les ballerines

(D'après un tableau de Degas)

Leurs gestes aériens
De grâce contenue
Sont levés sur leurs têtes
Ou lancés vers le ciel

Ce sont des nymphes roses
A la taille menue

Leurs vêtements légers
D'une étoffe vert d'eau
Sur le gazon doré
Sont filets de clarté

Sur la pointe des pieds
Elles esquissent des pas
Illuminant le bois
De leurs bustes penchés

Ce n'est plus l'hiver
Car le printemps
Eclate

Ainsi que la magie
Répandue en ces lieux

C'est une invite
Au rêve
Qu'elles offrent
A notre vue

Telles de petites Vénus
Adorées par un dieu

Norvège

J'aime t'évoquer
    Norvège de rêve

Fille
    Du noble océan
        Haut chemin du Nord

Tes glaciers ont requis
        Elfes et trolls
     Pour sculpter le décor
De tes rives
        Aux blancs vallons

     Enchantez
    Vives eaux
Ombragées de verdure !

     Et
   De vos longs bras
     Brodez
   De superbes fjords !

La poésie

La poésie ne décrit pas

      Elle est le cri
          D'une âme éprise
         De l'absolu

        D'une allégresse
      Se débattant
Dans les tourments

        Pour une terre promise

Elle est sanglot
Dans la nuit sombre

       Tel un oiseau
        En cage

           Souhaitant briser
Ses barreaux
       Afin de retrouver
        Sa liberté

Et de faire
      Vibrer l'azur

      De son chant si pur !

Espoir

Espoir
>> Tu es lumière
Qui sur nous
>>> Rejaillit

Dans ce monde
En folie
>> Tu es source de vie

Espoir
>> Tu es le rêve
>>> De lendemains meilleurs

>> Qui jamais
Ne s'achèvent
Dans de sanglantes guerres
>> Ou
D'inutiles malheurs

Espoir
>> Tu es le feu
>>> Scintillant
>> Parmi les étoiles

>> Et nous
Pauvres humains
>> Ne sommes
Que brindilles

>> Accrochées à ta toile

Délices

Avant l'heure
Où tout repose
Délivré
Des chagrins

Avant l'ultime jour
Où s'achève le destin

Savourons de l'amour
Les enivrants chemins
Partons folâtrer
Aux bords
Des précipices

Célébrons les plaisirs
Frémissants de désirs
L'enlacement des corps

O sublime festin !

Avant l'heure
Où tout repose
Délivré
Des chagrins

Seuls
Emergeront

Ces instants de délices

L'aube rose

       La lumière
Erre
       Dans les cieux

Formant
       Une double clarté
          De jour
Ephémère et limpide

       La flamme d'aurore
Fille sauvage
       Du soleil

       Miroite
Dans la transparence
       Du fleuve

Et des feux d'étoiles
       Percent ces ondes
          Trop claires

       La brise
Est suspendue
       Pareille à un secret
Qui tremble
       Sur des lèvres

Une voix murmure
       Un aveu
       Fragile comme du cristal

La vie mouvante
       Multiplie ces reflets
       Et brille

       Dans l'aube rose

Etrange soir

C'est un étrange soir :
            La brume bleue
                Danse
                Illuminée d'espoir

Je rêve de vers doux
        Ainsi qu'une caresse
Luisant
            Dans son regard

        La passion
                S'est éclose

        Eau vive
Entre les roches

La nuit
            Nous enveloppe
De langueur amoureuse

Et nos cœurs
            Glissent
        Entre le ciel et l'onde

C'est un étrange soir

Vivre pour aimer ?

Vivre pour aimer
      Ou
Aimer pour vivre ?

Ce n'est point
      Enseigné dans les livres

L'amour parsème
      ça et   là

      Des violettes
        A cueillir
      Des herbes
        A entrelacer

Pour composer
      Un panier de bonheur

Vivre pour aimer
      Ou
Aimer pour vivre ?

      Il faut le chercher
Hors des livres

Novembre

Novembre printanier
Aux feuilles roussies
De charme
Parmi les prés en fleurs

Novembre estival
Au sable gris
De bonheur
Caressé par les vagues

Novembre automnal
Aux colchiques roses
De nostalgie
Sous la pluie en rafales

Novembre hivernal
Aux arbres effeuillés
De douleur
Refusant les ténèbres

Passion ivre

A peine émergée
Du sommeil
Sa peau dorée
Ma faiblesse…

Joie
De le savourer
De humer son odeur
Epicée

Trembler
Sous le jeu des caresses

Joindre
Nos deux désirs
Tendus

Brûler
De nos attentes
De l'incendie
Qui nous traverse

Nous plongeant
Dans l'ivresse

Dans l'exquis
Abandon

De nos corps
Et de nos coeurs
A l'unisson

Les mots échevelés

Je laisse mes mots
    S'écheveler
       Jusqu'à mon poète
Lointain si proche de moi

      Parmi les étoiles
Connues par lui-seul

J'entends la beauté
    De son sourire
Et sa voix muette
      M'apporte
La langueur de l'automne

    Mon âme vibre
      En lisant sa poésie
Mystérieusement folle
Pour les autres
    Mais onctueuse
    Et illimitée pour moi

J'attends qu'il marche
    Sur le sentier de mes rêves

    Quand l'aube
      Ouvrira ses yeux d'azur
    Dans le jour naissant

Futur

Futur présent
Je te saisis à pleines mains
Avant que tu ne déploies
Tes ailes bleutées
Vers d'autres rivages
Inconnus de moi

Je profite du gracieux printemps
Inondant la vallée
Et de ton soleil blond

Futur proche
Ton visage
Surgit
Chaque jour différent
Tantôt las
Ombré de nostalgie
Tantôt confiant et rieur
Et tu fais battre mon cœur
Mais je vis à travers toi !

Futur lointain
A peine teinté de mystère
Je ne peux t'imaginer
Que par la douleur cernée
Car de la Mort
Tu es l'impitoyable voisin
L'antichambre du Destin

Même si
  De-ci de-là
  Tu m'apportes de menues joies :
    Le sourire d'un bambin
    Un pré couvert de fleurs
    La chaleur de l'âtre
  Aux premiers frimas

  Plus tu t'approches de moi
Et plus il fait froid

  Futur
Quel que tu sois
  J'ai besoin de toi

Mais ne te hâte pas !

Renouveau

Il est revenu
      Le printemps
    Avec les bourgeons
      Gorgés de sève

    Avec les jonquilles
    Et les forsythias dorés

Prêt
    A semer la joie
      Dans mon cœur desséché

    Un nuage d'espoir
      S'élève en mon âme
Assoupie durant l'hiver

    Mais prompte
      A se réveiller

Le soleil sèche la pluie
La lune inonde la nuit

    Et la vie
      De nouveau
        Fleurit

Troisième Pétale

La nuit

Quand la nuit
        Descend
            Ses marches de satin
        Peu à peu
            Doucement
Mes rêves s'abandonnent

        Souvenirs d'enfance
            Ou
        Bribes d'amour
                Jaillissantes d'ivresse
Revenant me hanter...

        La nuit
            Belle complice
        Veille
    Sur mes songes sans frein
    Captifs de mon esprit
            Jusqu'au petit matin

Peinture

Peinture grise
    Du ciel bleuté

Peinture brune
    Des feuilles d'or

Comme le désir dans son regard

    Les arbres se dévêtent
Impudiques et vieux

    Les branches des saules
  Pleurent jusqu'au sol
  Encore fleuri

    Je suis femme
        Mi-ange
Mi-démon

Celle qui murmure
     Entre nos cheveux
       Notre douce aventure

Car il est le seul
    Gravé dans mon coeur

La mer s'ouvre
   Devant moi
Et parvient
   Jusqu'à lui

L'amitié

L'amitié
Exquise fleur
Des sentiments
Est une coupe en or

Elle n'est pas un leurre
Une promesse
Sans valeur

Mais un phare
Sur la côte embrumée
Une oasis
Dans un infini désert

Un rempart
Contre le désespoir

Une alliance
Que l'on ne peut briser

Comme un chien
Elle est fidèle
Quand la vie
Devient cruelle

Et source de réconfort
Lorsque l'amour
Est mort

Dans les tempêtes
De la vie
Elle est
Une main tendue
Qui jamais n'oublie
Les souvenirs passés
Et un cœur présent
A chaque instant

Et je rêve...

Dans la douce fraîcheur
Le soleil du matin
    Réchauffe les blés
        Couverts de rosée

L'air est vif

Par moments
    Vole un oiseau
     Tenant en son bec
        Quelque fruit savoureux

     Sur la rivière
        Aux vagues ondulantes
Reste son reflet

Des lys majestueux
       Triomphent
Dans ma chambre bleue

Et je rêve à celui
Qui bientôt reviendra

Car le vent m'apporte
     L'odeur
   De sa noire chevelure

Nuages

Là-haut les nuages
Marchent avec moi
    Et tournent les pages
    Des quatre saisons

    Nuages en fleurs
        Eclats du printemps
Dans les blondes prairies
        Renaissantes à la vie

 Nuages d'été
        Bouquets de folies
   Pour les amoureux
Dans les bois jolis

Nuages d'automne
    Apportant la langueur
        Quand l'aube moutonne
Frissonnant sous le vent

    Nuages d'hiver
Alarmants et gris
Qui sèment la neige
    Sur les arbres tremblants

Là-haut les nuages
    Poussés par le vent
        Paraissent volages
    Mais ils sont charmants

Journée estivale

L'aube
      Soulève la nuit
Avec sa robe blanche
      De fraîcheur

Le jour se lève
        Puis explose au soleil

Une goutte de rosée
    Scintille
       Au bout d'une feuille
    Etoile d'été

Le soleil brûlant
     A couvert les corps lascifs
Nus sur le sable blond
    D'un voile doré

D'un mur de vieilles pierres
      S'échappe la glycine
        En longues grappes mauves

Même défraîchi
     Le bel iris violet
       Au cœur d'or
     Embaume encore

De grands oiseaux blancs
    Flânant parmi les cieux
        Dessinent des arabesques

Puis le crépuscule
      Enchanteur
    Coiffe les vertes collines
      D'une rose capeline

Douce fin d'été
    Rendant l'âme
Admirative
    D'autant de beauté !

Attente

Quand je l'attends
J'ai froid
L'air devient
Oppressant

Et je sens un poids
Sur mes frêles épaules
Difficile à porter

Mon cœur
Affolé
Est prêt à me quitter...

J'entends encore sa voix
Charmante à mes oreilles
Murmurant des mots doux
Sucrés comme du miel

Quand
Sur son beau visage
J'arrête mes pensées
Un frisson d'amour
Fait tressaillir mon corps

Quand il arrive enfin
Que j'ai cessé d'attendre
Le bonheur m'étreint

Et son nom aimé
Depuis mes lèvres
S'échappe de mon coeur

Puis je porte des ailes
Qui avec lui
Nous emmènent
A la porte du ciel

La vie s'écoule

La vie s'écoule
Sous les ans

> Malgré le baume
> Du printemps

Malgré le vent
Qui s'affaiblit

> Malgré la douceur
> De la nuit

Malgré l'été
Qui ensoleille

> Et la lune
> Et les étoiles

Qui scintillent
Sur nos têtes

La vie s'écoule
Car le temps fuit

> Mais nous conduit
> Vers l'infini….

Invitation au rêve

Le rêve
S'est-il perdu
Chassé
De l'horizon
En uniforme gris
En dépit des saisons ?

Ecoutons-nous encore
En été le ruisseau
Le chant qu'il nous susurre
Sous un ciel
Sans rayures ?

Caché en lisière
D'une foret profonde
Son image
Se perd
A la source du monde

Souvenirs d'été

Les arbres dépouillés
    De leurs rousses parures
Laissent le vent gémir
En lugubres chansons

Finis les roucoulades
Les baisers effrontés
Au cour des promenades
    Tendrement enlacés !

La lune éclaire encore
Le ciel d'un noir bleuté

Il me manque son corps
    Au creux du sable blanc...

Mon amoureux

Mon amoureux est étrange :
            Le regard enfui
                Au loin

Il ressemble à un ange
                    Errant
Sous un ciel
Sans couleur

Son visage est encadré
        D'une auréole de brume
        Et je ne peux m'empêcher
                De saisir ma plume...

Pour louer
            Ses yeux
        Qui croisent l'infini
Là où se perd l'horizon
            D'une jolie façon...

Une femme mortelle

La nuit m'entoure
     D'un cerceau
Noir
          Et lumineux
De mystère

Tantôt amie
Tantôt bourreau

Dans une étrange atmosphère

     Le feu apaisant
De la lune
Me fait rêver
     D'un autre monde

     Où la paix
N'est pas illusoire
Dans cette vie si cruelle !

Je suis un banal grain de sable
          Sur notre planète si belle
          Fétu de paille
Seulement :

Une simple femme mortelle

Dans les ramures

Dans les ramures
    Un merle annonce
        L'arrivée de l'été

    Mélodieux est son chant !

        Au zénith
    Le soleil dessine
Des ombres sur la pelouse

Noires taches mouvantes

La terre

Ma parole
Egrenant les mots
N'épuise pas
La source du ruisseau
Cueilli par la mer
Un soir d'été

J'attends que le soleil
Sphère auréolée
De brumes

Incendie
Les monts
Et les collines
De feuillages ondoyants
Et lumineux

Tendre est le décor
Composé de dunes
Retenues
Par des forêts de pins

L'été s'échappe
Entre mes doigts

La terre est
Harmonie de roches
Et de plaines immenses
Juxtaposées

Symphonie
De lave
Et d'eau pure
De déserts
Et de roses blanches

L'enfant de mon cœur

(A Léopold)

Ce chemin parcouru

    Toi l'enfant de mon cœur

Dans les champs et les bois

    Toi si fragile et beau

La lavande fleurait bon

    Ta délicieuse présence

L'été se laissait prendre

    Entre tes doigts menus

Comme une rivière pure

    D'où cascadait ton rire

Mont-Blanc

Pics dressés vers le ciel
Ô neiges éternelles !

Je les contemple
Depuis mon balcon
Envahie d'émotion

Le ciel se découpe
En haut
Bleu pur
Parmi le blanc

Montagnes
Crénelées de sapins
Telles des guirlandes
La brume
Les nimbe de mystère

Et je ne sais plus qui
De la neige
Ou du brouillard

Voile mon regard songeur

La fleur du désert

Où se tient cachée
    La fleur du désert ?

    Heureuse et folâtre
Elle est prisonnière
    D'un amour de jeunesse
Zébré de ciel bleu

    Elle se promène
Sous une allée
        De palmiers

    Et la mer
        Miroite à ses pieds

Dernière rose

Dressée sous le soleil
Mais meurtrie par le temps

Etoile déchirée
Au lancinant chagrin

De ses pétales blancs
        S'échappe
Un dernier rêve :

        Celui de toute rose
Mourir en parfumant...

Dans le grand jardin
        Elle-seule survit
                La tête haut levée
            Parmi les autres fleurs
Mortes sous le ciel gris

Quelques années plus tard
        Dans un beau vase en grès
                Cet astre gît toujours :

  Sa tête desséchée
Aux pétales jaunis
        Forment un beau trophée

            Souvenir triomphant
                Au-delà du destin

Un ami précieux

(A Jean R)

Il se juge laid
    Mais il n'en est rien :
Son visage
        Empreint de douceur
        Et de bonté
            Est illuminé
        Par un large sourire
Sous un regard bleu azur

Il donne sans compter
            Son amitié
        Plus précieuse
        Qu'un rubis des Indes

    Détestant les injustices
        Il devient lion
            Rugissant
Hors de sa tanière
        Pour défendre les opprimés

        Préférant les animaux
Aux êtres humains
            Il fond
        Devant un pauvre chaton
Abandonné au détour
D'un chemin désert

Autodidacte passionné
Il ne cesse de s'enrichir
L'esprit et le cœur
Par la lecture
Et la musique
Compagnes divines

Sensible
A la beauté féminine
Il est toujours attiré
Par des jeunes filles
Aux petits seins arrogants
Et aux cuisses nues

Mais s'il tombe
En amour
Son cœur
Ne connaît plus de limite....

Soleil d'automne

Le soleil d'automne
Découpe des ombres
Sur le banc désert

Les amoureux ont fui

Les feuilles virevoltent
Papillons dansant
Au rythme du vent

Les fleurs sont fanées
Et les cieux sont gris

Mais la vie
Plus forte
Secouera nos portes

Déclin de l'été

L'été peu à peu
Décline

L'automne
Jaunissant les frondaisons
Devient plus tendre
Et incite
A l'abandon

Des fleurs
Dépliées
Sous les frissons
Embaument encore

Dans la pâleur de l'aurore

Le fleuve
Où s'ébattent des canards
Est envahi
De brumes

Le soleil
Fait briller les nénuphars
Et fait vibrer en nous
L'espoir

Symphonie des couleurs
Dans les bois
Et les collines

Nous apportant
la splendeur
De cette saison divine

Avant la nuit

Le crépuscule
Triste et doux
Ressemble à un adieu
Dans le ciel
Sombre et bleu

Puis
Lentement
La nuit étend ses voiles
De timides clartés
Vagues espoirs d'étoiles

Contemplant encore
Le rose souvenir
D'un beau
Soleil couchant

Le vent du soir
Se tait
Tout devient immobile :

Nulle feuille ne tremble
Nul roseau ne bouge
Au bord de l'étang

Et
En un tendre parfum
Chaque fleur s'évapore

La beauté d'une fleur

Louons
       La beauté d'une fleur
       Tendres pétales
          De velours
      Parfum suave
          Et enchanteur
Parmi les herbes de l'été

Caressons-là
      Avec douceur
Et goûtons
      Cette paix sereine

      Ainsi
S'évanouiront nos peines

Louons
      La beauté d'une fleur

Quatrième Pétale

Dans l'été finissant

Le saule inconsolable
    Epanche ses feuillages
        Sur le ruisseau troublé

    La rose épouvantée
Par l'été finissant
Interdit sa corolle
    A l'abeille sauvage

Et plus rien ne bruit
    Ni l'aile d'un papillon
    Ni la plume d'un oiseau

Le silence feutre
    Le paysage
        Dans l'azur décoré
Par de ténébreux nuages

Le soleil agonise
    Anticipant la nuit
Puis s'éclipse
Dans une lenteur
        Infinie

Feuilles desséchées

Feuilles desséchées
Dormez
Au pied du platane
Et entourez-le
D'une guirlande
De rêves

Des arbres dévêtus
Aux ombres effacées
L'automne est né

Dans l'air fraîchi
Hirondelles pleurez
Le blond soleil d'été

Bientôt s'élèveront
Des cheminées
De blanches volutes

Qui
En longues spirales
S'achèveront
Dans le ciel

Parti

Mon aimé
Est parti
Où s'est-il enfui ?
Vers quelle autre belle
S'est-il endormi ?

Aux pieds
De sa nouvelle déesse
Il étale son amour
Et ses caresses

Mes larmes sont taries

Mais son souvenir
En moi
Reste à jamais gravé
Comme une grise mélopée

Un banc de bois

Sous un arbre placé
A demi- couvert d'ombre
Un banc de bois usé
En des rides profondes

Il accueille
Sans honte
N'importe quel passant
Sous le soleil levant
Ou le soir descendant

Une fille volage
Portant un chemisier
Largement échancré
Attend son amant

Un vieillard fatigué
Profitant
Des beaux jours
Des enfants délurés
S'amusant et criant

Grand confident
Des petites joies
Et des lourdes peines

Ce vieux banc de bois
Est aussi
Le compagnon fidèle
Des amours éternelles

Musiques

Musiques sombres
    Et mélodieuses
Aux notes roses
    Et languissantes

    Vers quels cieux
        M'emportez-vous ?

        Je flotte
    Sur des nuages enneigés
        Chevauchés
Par des animaux sauvages

    Le chant des baleines
        Se mêle
Aux craquements du lac gelé
    Sous l'aurore boréale

Je vous écoute
    Frissonnante
        Enfièvrée

    Emue
Au plus profond de mon âme
        Qui avec vous
Se damne !
        Envoûtée
Par d'affreux délices

Qui en moi s'immiscent

    Vous me faîtes
Gémir de bonheur
Chanter de tristesse

Et ma plume
    A vous entendre
        S'envole
    Comme feuille rousse
        Au délicieux automne

    Pour décrire
Un mystérieux ailleurs...

Sous la lune

Volets clos
    Lampes tamisées :
Tout paraît vide
    Ou habité

Que l'intuition
    D'une visite
    Ou d'un pas
        Déjà loin

    Brise d'un soir
Sous la lune
    Soupçon d'ailes
Chute d'une feuille

    Rien -
Ou presque
    Un souffle
Une ombre

Je frissonne

De l'amour à la mort

Et l'amour
Et la mort
    Pourquoi donc les chanter ?

     De l'amour
A la mort
    Il nous reste
      L'aurore
Des heureux souvenirs
    Revenant nous hanter

Faut-il
    Les honorer
Quand le ciel
      Brille encore ?

    Le soleil
      Reflète l'amour
    Ineffable beauté

Alors fermons les yeux
Sous les jours amoindris

    Conduisant
Au néant
Dans son antre sacrée

Musicien passionné

(A Frederic Gerchambeau)

Comment décrire l'âme
   Musique
       A fleur de doigts
     Où survole la flamme
Des radieux souvenirs ?

    Les notes composées
 Sur tes claviers géants
Sont semées
    Une à une
     En hommage à la lune

ô toi
    Qui ne peux vivre
Sans rêve à épouser

Tu dois garder
    La foi
En l'art qui vibre en toi.

Minuit

A minuit
Sur la terre assoupie
Planent des mystères....

Le silence
Amplifie
Le moindre bruit   surgi

Le cri de la chouette
Au creux des forêts
Réveille nos frayeurs

Invisible présence
Qui aiguise nos sens
Et fait bruire nos coeurs

Mais le poète vit :
La nuit est son amie

Sa main fébrile écrit
Ce que l'ombre réduit

La lune
Sur fond noir
Symbole de l'espoir
Lanterne de sa vie

L'a soudain
Ebloui
Par sa grâce infinie....

Croire à nouveau

Par ce soleil d'automne
    Aux rayons affaiblis
Dans les frissons du ciel

    Rendons hymne à la vie

    Où sont tous nos espoirs ?
Evanouis dans l'ombre ?

    Ou naissent-ils
      Chaque soir
  En étoiles sans nombre ?

Croyons de nouveau
    Au printemps réveillé

    Aux belles fleurs sauvages
      Clairsemées dans les prés

    Et laissons nos rêves
      S'envoler….

Dans la chaleur

Dans la chaleur lourde
De l'été

Il clôt les yeux
Pour mieux entendre
Le silence
Déjà surgi

J'écrirai sur sa peau
Des rêves
Avant de les effacer
Par mes lèvres

Nous chercherons
Des mots
A l'odeur du soir

Puis nous les cacherons
A peine
Dans des buissons
De douceur

Le prénom des étoiles

Si son pas fend
　　La soie
Que l'on déchire

　　Quand nos mots
Cèdent et se brisent
　　Dans nos vies

Nos voix fragiles
　　S'élèvent
　　　Plus claires

Dans l'espace vide

Et il me nomme
　　Le nom des étoiles

Douceur d'automne

Parfum ténu
Des fleurs fanées
Au crépuscule
Pourtant doré

L'automne blême
Sans lumière

Blesse mon âme
Déroutée

La nostalgie
Au languissant émoi
Est mon amie
Sous le ciel gris

Reste l'espoir
D'une éclaircie

Car le soleil
Brille pour elle

Les mots garés

Respirant ma feuille blanche

    Où son parfum

        S'inscrit

    Là

Entre deux mots garés

Ou égarés

        Au bord de mes lèvres

        Embuées

    J'écoute

La trouée du silence

Fragile instance

    Entre nous deux

Premier rendez-vous

Sur cette page
J'écris ma timide joie
Enveloppée
De papier de soie

Pour lui
Compagnon de mon infortune

Diamant noir
De mon cœur
Va-t-il s'éprendre
De moi?

Le ciel se fera tendre

Pour notre premier rendez-vous
Lorsque le soleil et la lune
Ne feront plus qu'un
Pour nous deux

Emoi

Tel un nonchalant félin
Son corps long et souple
S'étire
Voluptueusement
Sous un palmier

Il rêve de se griser
Entre les bras d'une belle
Au jupon étalé
En une blanche corolle
Telle une marguerite

Ivresse de la cinquantaine
Eprise de l'innocence
D'une jeune naïade
Au corps nu

Sur l'herbe bleue
L'homme est assis

Cette passion ensoleillée
Réveille le vent
Dans sa chevelure
Où se mêlent
ça et là
Quelques folles brindilles

Midi sonne et il s'endort

Départ de l'hiver

Un moineau
Dans les feuillages
A clamé le départ de l'hiver
Et la forêt émerge
Du sommeil

Il en est ainsi de l'homme
Qui aperçoit
La lumière
A travers
La danse des ténèbres

Déchirure des nuages
Durant leur long voyage

Amorce d'une lueur
Par-dessus les collines
Les ruisseaux et les bois
En fleurs

Qui dira ?

Ma vie est rêvée
Et mon rêve
Devient vie
Lorsqu'il me sourit

Un frisson sur l'eau
Où va mourir la nuit
Et le jour s'illumine

Qui dira notre attente
A la naissance de l'aube
A part nos deux ombres ?

Qui dira notre vie
Attirée vers le beau
Bien qu'elle soit éphémère ?

Ma page sublime

Qu'il laisse choir
    Sa cuirasse de lune
      Au bord
        De l'océan scintillant !

La nuit
    Tapissée d'étoiles
Décore ses yeux
    De braises ardentes

Le bruit d'un baiser
    Se dessine
      Contre sa tunique de lin

      Blanche
    Est ma douceur
      Rouge
    Est l'eau cristalline
Au fond du puits
Sans fin

Il est
    Ma page sublime
    Tachée de lettres
Non lisibles

Sauf pour lui et moi

La glycine

Les vagues s'élèvent
        Jusqu'aux étoiles
        Jusqu'au jour
                Murmuré par le vent
        Endormi
Dans le ciel immaculé

        Le matin frissonne
A mes pieds
        Où l'aube s'éveille
A peine

Ses yeux abaissés au sol

Mon regard
        A croisé l'été
                Clair
Comme une nuit d'hiver

Plante mauve
        Emergeant de la terre
Je t'ai cueillie
        Ô fleur vivante !
Envoûtante
        Et fraîche glycine

Echevelée sur le vieux mur

Fille de...

Je suis
Fille du vent
Qui hurle sur la lande
Tel un loup affamé
Balayant la plaine
En longs gémissements

Fille de la nuit
Dissimulant les arbres
Aux branches torturées
Lorsque décline le soir
A l'aube de l'automne

Fille du crépuscule
Rose et doré
Nimbant d'ombres mystérieuses
Le jour qui s'éteint
A petit feu

Mais aussi
Fille de l'aurore
Déchirant les dernières brumes
De la nuit étoilée
Espoir d'un jour nouveau
Où tout devient possible

Fille de la lumière
En soudaine explosion
Illuminant le firmament
Ebloui

Fille du soleil
Eclaboussant d'étincelles
Le matin
Offert à l'été
En guise d'offrande
A la vie

Cinquième Pétale

La vie s'enfuit

Tant de velours
　　Au bout
　　　　De chaque branche !

Parmi
　　Les tendres pousses
Et les prairies
　　　　En fleurs

Malgré
　　L'allée des tilleuls
　　　　Les tonnelles de roses
Berceaux des souvenirs….

　　　Les pétales de vie
Se détachent pourtant
　　De même que chaque feuille
Dans l'automne présent

　　　Il en est ainsi
　　　De la vie
　　　　Qui
　　　Peu à peu

　　　S'enfuit….

La nuit a tressé son ombre

La nuit
A tressé son ombre
Telle une araignée géante
Au chapeau noir

Elle danse sur sa toile
Invisible et présente

Et m'épouvante
Aggravant le silence
Qui pèse sur mon cœur
Empli de frayeur

Je ferme les yeux
Jusqu'à ce que perce
La sublime aurore

Me soulageant d'espoir
Quand elle accroche
Aux cieux
Des nuées roses
Telles des fleurs

Comme autant de perles nacrées

C'est à cet instant
Que je m'abandonne enfin
Entre les bras de Morphée

Vivre

Vivre
Pour s'émerveiller
De la prime jeunesse
Où tout semble accessible
Exaltant de bonheur
Où l'on se sent poussé
Par les ailes de la vie

Vivre
Pour s'ouvrir à l'amour
Telle une blanche rose
Et jouir des plaisirs
Débordant d'ivresse
Sans souci du lendemain

Apparaissant très lointain

Vivre
Pour louer la nature
Peindre sa beauté
Se rouler dans l'herbe tendre
Ou sentir ruisseler la pluie
Sur son visage nu

Vivre
Pour découvrir que la vie
Est une grande force
Animée de passion
Et que la nostalgie
N'est pas de saison

Une vieile dame

Vêtue d'une robe
    Comme une poupée
Charmante et avenante
    Son visage
       Est beauté

      Son teint resté frais
     Est couleur de la rose
   Et ses yeux foncés
Sous sa chevelure
     Argentée
Sont deux châtaignes chaudes

Sa bouche
   Aux lèvres fines
     s'étire
En un sourire
   Cordial et malicieux
Irradiant ainsi
   Sa joie de vivre

Assise bien droite
   Empreinte de dignité
Son esprit
    Reste ouvert
     A toute nouveauté

C'est une vieille dame
    Au cœur
Jamais fané
    Et son âme
     Illumine
Toute chose
   De bonté

Page blanche

Page blanche
Vierge de mots
Me désespérant
Tel un pré en jachère

Quelque graines d'idées
Eparses en mon cœur
Uniforme et morose

M'affligent de nostalgie :
Fini la poésie

En cet automne mordoré
Je me sens chagrinée
La Muse m'a délaissée

Et la flamme de mon esprit
Blêmit sous l'éteignoir

Sous le ciel éploré
Accablé de nuages
Je rêve
D'une coulée de sable
Sous mes pieds
Nus et chauds

Ô doux mirage !
J'ai esquissé quelques mots :
Est-ce le chemin
Conduisant à l'ouvrage ?

Je noircirai cette page

Méditer

La tête penchée
    Méditer
  A la lueur d'une lampe
  D'opale mauve

   Se sentir
Infiniment petite
Perdue dans le cosmos...

Puis soudain
    Ecouter la vie
    Frapper à sa porte

      Et l'ouvrir
      Toute grande

   A l'imprévu tracé

Ma parole

Ma parole est muette
    Pour décrire ce monde
 Empli de mystère
    Et frappé par le vent

Ma parole est muette
    Face aux montagnes
      Reflétées dans l'eau
En bordant l'océan

Ma parole est muette
Elle est l'inédit
    Entre mes doigts
A l'insu de moi-même

    Et je ressemble
A un arbre dépouillé
    De sa verte parure

Au temps des pluies

Au temps des pluies
Le ciel s'assombrit
Aux pieds des bouleaux
La terre se ferme

De longs sapins
A peine visibles
Dans le lointain
Se couchent

Au temps des pluies
La vie s'assoupit
Aux pieds des bouleaux
S'étale l'ennui

Seule

La nuit
    A pas comptés
A pris congé
    De la journée
    Sous le soleil
  Qui commence
A se voiler

Un pan de mystère
    Règne
      Sur l'épaule
      De la terre ...

Les oiseaux se sont tus
Effarouchés de beauté
      A la croisée
Des ombres

    Et je demeure là
  Dans ma secrète vallée
    Seule à songer

Quand la nuit se meurt

Quand la nuit se meurt
Telle une bougie
Qui vacille
Et s'éteint

Je respire
Le clair parfum de l'aube

Les étoiles se taisent
Et s'esquivent
Au loin

Un oiseau
Lance une note
Et l'écho lui répond

Quand la nuit se meurt
Le jour parsème
L'espoir
Par petites touches
Invisibles

Et je me laisse bercer par elle

Aurore bleue

Aurore bleue

   Je la cueille à chaque instant

Où meurt une étoile

   Le jour devêt

Le gris de la nuit

De cette longue mantille sombre

Voilant notre étrange terre

Egarée

   Entre le ciel et la mer

Le bonheur a fui

Les nostalgiques pivoines

Aux pétales flétris

S'étiolent

Sous le ciel gris

Puis meurent

Dans le jardin

Peuplé de chrysanthèmes

Car le bonheur a fui

Sur l'océan

Sur l'ocean
De ses yeux noirs
Où baignent
Des lueurs d'étoiles
Mes rêves se sont embarqués

Ils ont déployé
Leurs voiles blanches

Oubliant
Que ces flots
Peuvent soudain soulever
Des vagues orageuses

Car
Dans ses prunelles profondes
Mes songes
Se sont noyés

Comment décrire ?

Comment décrire
L'angoisse du devenir
Lorsque le temps
Peu à peu
Se retire ?

Lorsqu'à l'été
Succède l'automne
En longues traînées
De nuages gris
Sur nos vies ?

Lorsque le vent
Non plus caressant
Devient oppressant
Et nous pousse
Au-devant de l'ennui ?

Plus que la mort
L'indifférence du coeur
Est une longue torture
Meurtrissant l'âme
A souhait
Peut-on accepter
L'oubli ?

Mélodie funèbre
Aux douloureux accents
Des jours
Qui s'effritent
Sans aucun espoir
De retour possible

Angoisse infinie
        Nous précédant
            A petits pas
        Sur un long chemin
De solitude

        Comment décrire
Les regrets du passé
        Trop courte symphonie
            Des jours heureux
            Des couleurs
            Et des ressentis ?

        Ma plume
Se meurt
Dans la douleur
        Entre deux virgules
        Entre deux points
            Qui se rapprochent

Un rire

Un rire mauvais
    Déchire l'espace
        Emporté
      Par la brise d'été
Qui souffle
    Dans les peupliers

Un éclair
    Zèbre le ciel
      Enflammé de rouge et de bleu
Prémisse
    D'un lointain orage

Mais tout est calme en ces lieux
Hormis
    Ce rire
      Qui déchire

Au fil des ans

L'ombre descend tôt
Sur les pins
Courbés par la pluie

Sous les cieux abattus
Par la masse des nuages

Les corbeaux croassent
Et rayent l'espace nu
Avec leurs ailes froissées

Ils nous rappellent
La petitesse
De l'être humain
Provenant
D'un mystère

Et progressant
Chaque jour
Vers le même invisible
Ailleurs…

Au fil des ans
L'homme devient
La proie de l'Inconnu

Et n'ose plus
Lever ses yeux
Sur ce vide
Qui l'attire
Peu à peu

Les liens

Les liens
Que le temps
Peu à peu
Détisse
Entre nos lèvres

M'enferment dans la peur
De n'être qu'un objet
Une poupée
Un pantin

En uniforme gris
Sous sa noire pelisse

A l'abri du soleil
Sous la lente torpeur
S'écrasent mes pensées

Un jour sans fin
Puis
Le soir s'achemine

Nuage qui file….

S'enfuir

S'enfuir

Pour ne pas pleurer
Sur les amours défuntes

S'enfuir

Pour oublier
Les multiples désillusions

S'enfuir

Pour échapper
Aux douloureux souvenirs

S'enfuir

De l'incertain
Proche du néant

S'enfuir

Pour demeurer seule
L'âme en deuil

Le poids des ans

Le poids des ans
Etouffe nos rires
Nous rend amers

      Au petit matin

Nous enserre
Dans le chagrin

Le poids des ans
Nous fait regretter
Nos jeunes années

      Sous l'éclatant soleil

Nous désespère
De vivre de nouveaux désirs

Le poids des ans
Nous enfonce
Dans les tourments

      Au crépuscule doré

Courbant l'échine
Jusqu'au dernier frisson

Sixième Pétale

Village désert

Sous le ciel
Lisse et bleu
Aux nuages absents

S'étirent
De longues plaines
En campagne désertée
Dans cet été brûlant

Village
Sans vie
Dans le jour finissant
Eparpillé
En lumières grisées

Les cailloux

Les cailloux
N'ont rien à dire
Les flots de la rivière
Glissent sur eux
Et leur murmurent
Des chants harmonieux

Fermer les paupières
Pour mieux sentir leur odeur
Mêlée
A la terre mouillée
Odeur de sable
Et de poissons

Les attraper
A pleines mains
Pour les laisser
Perler un à un

Pour qu'ils rejoignent la nature

Tous les vents

Tous les vents se déchaînent
Tous les vents s'emportent
   Sur la morne plaine
     Où luit encore
     Le soleil d'août

  Le jour
S'agenouille devant la nuit

Je me prosterne
   Moi aussi
Sachant que la nature
    Est souveraine
   Et que personne n'entendra
Mon cri d'effroi
Etouffé par les feuillages
   Par le soir
Qui fait ombrage

Ma voix se meurt
  Infime lueur d'espoir
  Dans ce monde
Trop violent pour moi

Tous les vents se déchaînent
Tous les vents s'emportent
  Sur la morne plaine
Et j'ai fermé ma porte

Privée de rêves

Privée de rêves
    La vie n'est qu'un amer parcours
    Un immense désert
        Hérissé de rochers
Sans le moindre filet d'eau
Pas même une oasis

    ça et là
Gisent les cendres
    Des gens aimés
Puis disparus

Privée de rêves
    La vie n'est que solitude
    Horizon limité
Demeure abandonnée

    ça et là
    S'aventurent
Des herbes sauvages
Ronces et chardons
    Entre des monticules
        De pierres amoncelées

Privée de rêves
    La vie n'a plus de sens
Sans amour
      Pour l'illuminer
Sans soleil
    Pour sécher la pluie
Sans lune
    Pour éclairer la nuit

     ça et là
Nous égarent
    Quelques rares étoiles
    En infimes lueurs
Dans le ciel assombri

Les ombres

Les ombres
    Parlent au soleil
En murmurant très bas
    Dans les prés
        Ourlés de forêts

Le vent promène
    L'odeur des foins coupés
        Et la chaleur
S'écrase sur la campagne

    Le ciel
Teinté de noir
    Par les nues
Courroucé
Annonce une menace
    Sur nos vies fragilisées

    Plus loin dans le village
    Une vieille fontaine
Ecroulée par les ans
        Ne chante plus
Remplie de cailloux
    Et d'herbes sauvages

    Un volet claque
Dans la poussière
    Soulevée par l'orage
Sur le point d'éclater

    Entendez-vous
Sa voix gronder ? ?

Le velours de la nuit

Autrefois
    Le velours de la nuit
       Enveloppait mes rêves
    D'un apaisant rideau

Les étoiles veillaient sur eux

A présent
J'attends
    Le lever du jour
Et son suave parfum
    Car le sommeil
M'a fui

Sous la pâle lumière
    D'un réverbère
       Lentement j'écris

    Pour vaincre
Mes noirs fantômes
    Et m'endormir
    De nouveau

Dans le velours de la nuit

A Titus (mon chat)

Ô mon fidèle compagnon
Au soyeux pelage tigré
Tes grands yeux
Cernés d'ombre
M'observent et me fixent
Sans me voir...

Se profile bientôt
La fin de ton voyage
Sur cette terre
Que tu aimais tant !
Où tu te roulais de joie
Dans les hautes herbes
Au soleil printanier

S'approche l'heure
De ton trépas
De cette amère séparation
Qui me fait tant pleurer !

Hume l'air estival
Une dernière fois

Approche-toi
De mes caresses
Ta fourrure a la douceur
D'un baiser

Sans toi
Je ne serai que douleur
    Une fleur flétrie
    Une plage désertée

  Toi qui sais tout sur moi
  Mes petites joies
Et mes grands chagrins
    Ne me quitte pas !

Mais la mort plane
  Autour de toi
L'idée de ton départ
M'attriste
  Et provoque en moi
Une déchirure

  Viens auprès de moi
Une dernière fois

  Je ne t'oublierai pas.

La paysanne

Une paysanne
　　Aux yeux de braise
　　　　Parée pour l'amour

Muette
　　Au bord du chemin
Perdue
　　Dans l'infini des blés

　　Paysanne des champs
Aux sombres bonheurs
Accroupie
　　Jusqu'au soir

　　Dans le soleil
Couchant
　　Elle scrute la plaine
　　Pour surprendre
L'invisible

Paysanne d'un soir
　　Ses sabots aux pieds
Sous sa robe grise
　　Elle se tient debout
　　　　Telle une statue
Pour attendre
Sans fin
　　Son amour perdu

Quand l'amitié se meurt

Quand l'amitié se meurt
    Le soleil
Peu à peu se voile
    Recouvert
Par les gris nuages

Puis des larmes de pluie
    Perlent
    Au bord des cieux
Attristés

Quand l'amitié se meurt
L'homme se mure
    Dans le silence
    Puis dans l'indifférence

Un linceul est étendu
Sur son cœur vide

Quand l'amitié se meurt
Il n'existe plus
    D'aubes roses
    Ni de flamboyants crépuscules

    Les jours se succèdent
Fades et ternes
    A l'image
D'un hiver morose

Quand l'amitié se meurt
    L'être s'interroge
Puis se replie

Dans la pénombre de la solitude
    A l'abri du soleil
Qui ne l'attire plus.

Rupture

La grâce
S'est brisée
Vaincue
Par l'étoile du soir
Apparue plus tard

De l'arbre de sa vie
Ma feuille se détache
Et file
Au gré des flots

L'amour est un fruit
Rouge tendre
Fondant
Entre les dents
De ce monde cruel

Où rien n'est éternel

Cruelle passion

Cruelle passion
    Qui ouvre sa porte
        A l'amour
Tout autant qu'à la haine

Qui passe
    Du doux frisson
        De plaisir
Aux cris de colère
Aux hurlements de fureur

    Quand l'amour devient
Aveugle et sourd
Elle se déchaîne
Et tourmente sans répit
    L'être
Autrefois aimé

Elle obscurcit
    La tendre lumière
    Les unissant
Auparavant

A la douleur
Sans nom
    Qui pêle-mêle
    Telle une digue rompue
        Fait déborder
Un torrent de larmes

Cruelle passion
    Elle peut conduire
A la déraison

Dans ce mystère

Dans ce mystère
    Qui nous entoure
      Nous sommes condamnés
        A vivre
Aveugles et sourds

Ignorants
    De la Connaissance

A quoi bon chercher
    A déchiffrer
      Ce qui nous dépasse ?

    Admirons plutôt
      Les étoiles
    Et les quatre saisons
      Qui
      Par leur essence
Sont supérieures à nous

A quoi bon regretter
      L'inaccessible horizon
    Qui s'enfuit
   Derrière nous
Avec le temps ?

Acceptons
        La lumière du jour
     Comme un céleste bienfait
Sans réfléchir

L'homme est semblable
     A un pétale de rose
     Qui conquiert
        Par sa fraîcheur

     Mais au fil des ans
Fuit sa candeur

Alors il se décompose

Survivront-ils ?

Ces mots
   Tirés du cœur
      Chantant l'amour
Ou la douleur

   Etalés sur une feuille
Un jour
   Où le soleil
      Nous auréole d'espoir

Ces mots
   A peine ébauchés
Qui confient des secrets
      Entre deux rires
Ou deux regrets
   Survivront-ils
A notre trépas ?

   Fleuriront-ils
      Dans un jardin
Ou dans un cimetière ?

Nul ne le sait
   Mais qu'importe !

   Reste le plaisir
      D'écrire avec passion
      Et émotion
Pour nous sentir
Délivrés
   De nous-mêmes

Vivre sans rêves

Sous les nues secouées
Par la grise tempête
    Qui frappe et gifle
        Les volets de fer

Faut-il encore aimer ?

Entre hier
    Et aujourd'hui
Un grand vide s'inscrit

Les rigueurs de l'hiver
    Ont recouvert
        Les charmes de l'amour

Dans la solitude
Sans clarté
Et sans rêves

Faut-il encore aimer ?

La fureur du temps

Face au déferlement
De la terre en furie
Pesant sur les hommes
(séismes, tsunamis)

    Ceux-ci
Se tiennent terrés
    Le coeur palpitant
De crainte
Puis d'effroi

    Se sentant devenus
De faibles brindilles
    Voguant au gré
Du capricieux destin

Par la puissance
    De ses forces décuplées
    La nature fait loi
En ce monde ici-bas

    Et nous devons
Courber l'échine souvent
Sous la fureur du temps

Que restera-t-il ?

Que restera-t-il
De mon âme sombre
Après son ultime chute
Dans l'invisible ailleurs ?

Quelques rivières
De larmes
Ecrasées dans le noir

Quelques balbutiements
Balancés sur le papier
Un soir de tempête

La vie n'est qu'une lutte
Incessante et lassante

Souffrir encore
Et toujours

Pour un oubli
Un retard
un mot
De plus
Ou de moins

Devant le mur
De l'incertitude
Dressé face à la vie

Que restera-t-il ?

Les peines captives

Le soleil s'est couché
        Sur l'amour
                A peine né
        Aussi léger qu'un rêve
                Effleurant le ciel

L'été a foulé
        Les fleurs du printemps :
Adieu
        Au magnolia
        Aux tulipes et au lilas

Seul le chagrin perdure
        Sur les bois dénudés
Au fur et à mesure
        Que sévit l'hiver

Et la vie
Sans pitié
        Ajoute des années
Sur les peines captives
Sur les cœurs délaissés

Ombres noires ombres grises

Ombres noires
Ombres grises
    Echevelées sur les toits

Gardiennes de mes nuits
  Je suis à vous
    Soumise

Je subis le mystère
    De vos pas veloutés

Pour mieux me fondre
    En vous

  Un instant
Egarée

La mante

En bouderies savantes
   Elle anime sa bouche
      Aux reflets mordorés

Mais - ô combien cruels -

Toi qui te penches
   Pour boire ses lèvres
Le souffle retenu

Demain ne seras plus
   Dans la nuit-étincelle !

Parfum amer

L'amour a
Un parfum aigre
Amer car profané
Dans la beauté
De son élan
Brisé à nos pieds ballants

Se sentir
Habité de vide
Quand bat en notre poitrine
La douleur du mépris
Chiffon froissé
Puis
Jeté au loin
Musique douce
Du dédain

L'amour a
Un parfum amer
Fané par ce long hiver
Où les branches tordues des arbres
Se dressent
Dans la noire campagne

Prisonnier
D'épaisses brumes
Nul soleil
Ne peut le ranimer

L'amour a
Un parfum de cendres
Que le vent traîne
Sur la lande
A jamais désertée par lui

Par quel chemin s'est-il enfui ?

Tout s'éteint

Aux jours moroses
Tout s'éteint

    Les hirondelles
Quittent leurs nids
Devenus froids

Où sont
    Nos frêles chimères ?
Où sont
    Nos vieilles amours ?

    Délicieux tourments !
    Perfides douceurs !

Tout s'éteint
Dans la terne saison

    Comme le jour
Après la nuit
Comme la nuit
    Après le jour

Puis l'oubli
    De notre âme
      S'empare

Comme un dernier espoir

Notre humble condition

Une musique mélodieuse
Et sombre
        Traversant les cieux

S'étire   jusques   aux   nues

Elle nous rappelle
Notre humble condition

-----De simples ombres---------
En surnombre

Appelées à s'éteindre
Grâce à notre folie
    Qui ne cesse de croître
Aux quatre coins du monde

    Au crépuscule de l'humanité

Septième Pétale

Le train

Campagne verdoyante
D'où émerge le cri
Amplifié par l'écho
Du train qui s'enfuit

Frissons de l'envol
Symbole d'ivresse
Liberté sans nom
Ou évasion sans cesse ?

Ô combien de plaisirs
Et combien de tristesse
S'écrasent ainsi
Sous les rails du train ?

Fortunes et misères
Crissent à leur passage
En cristaux de lumière
Au soleil qui s'emballe

Comme souffle la forge
Par les roues emporté
Ce train du temps qui passe
Cogne la voie ferrée

Puis s'éloigne son bruit
Lorsque la nuit descend
La sérénité renaît
Emanant du ciel gris

Ecrire l'inédit

Ecrire l'inédit
Les murailles qui s'effondrent
Entre les frontières
Entre les humains

Rendant les guerres inutiles

Le chant du coq
A minuit
L'éclat de la lune
A midi

Son visage nu
Entre mes mains
Et mon coeur
Qui suit sa sente

Au bord
D'un océan
Ou un bateau
Peut-être
M'attend...

Accueillir
L'inédit de la vie

Amie perdue

Amie radieuse
D'antan
Demeurée pure
En mon cœur
La séduction
De ses quinze ans
Illuminait telle une fleur

Avec effroi
J'ai découvert
Lorsque s'installe la folie
Sa longue descente
Aux enfers
Qui ronge
Peu à peu l'esprit

Elle marchait
Seule et éperdue
Car lucide parfois

Son infatigable douleur
S'étendait
Dans son âme
A jamais brisée

Criant son découragement
Sa solitude insoupçonnée

A elle
J'étais restée fidèle
Comprenant
Ses malheurs

Dans son cœur
Elle était toujours belle

A présent qu'elle repose
Dans la blanche immensité
Loin des tourments
D'ici-bas

Son absence
Est cruelle pour moi

Mais elle continuera
A fleurir
Dans mes souvenirs...

Solitude amère

Ô solitude amère
        Je te rejette
                Au loin

        Seul rempart
A mes désillusions
Ne t'empare plus
                De moi
Sans raison

        Ta présence était l'amie
De mes chagrins
Et de mes souvenirs
En sombres lueurs

        Eloigne ton aile grise
Le mur de ta prison

        Je veux connaître encore
                De nouvelles amours
        Courir
                Vers d'autres horizons

                Fouler le sol fleuri
        D'un infini printemps
Et enfin t'oublier
        Pour réchauffer mon cœur
                Au feu d'autres ardeurs

        Laisse donc glisser
Ton manteau de silence

        Mon âme
Ne t'est plus soumise

        Vers l'espoir
                Elle s'élance

A mon insu

L'automne a recouvert
D'un pan de brumes
Mon passé
Brûlant
De passions cachées
D'incessants regrets

Et si parfois
Une larme s'échappe
De mes yeux
Couleur d'azur sombre

C'est parce que le vent
L'a fait éclore
A mon insu

Quand l'amour n'est plus

Quand l'amour n'est plus

Noyé par l'habitude

    Quand l'indifférence

    S'installe dans nos cœurs

       Et que la passion

Ne nous étourdit plus

    Regardons l'azur

       Au-dessus de nos têtes

Il n'existe aucun mur

    Entre le ciel et la terre

Nature transie

Cris rauques des corbeaux
Traversant l'espace nu

   Au-dessus
Du blanc fardeau
  De la neige
Sur le sol déposée

   En légers flocons
    Aérienne
Elle plane...

Nature transie
Sous maints cristaux
   Flamboyants d'éclats

Branches noires
   Des peupliers
   Saupoudrés
    D'étoiles fines

Résonne le silence
De ce jour feutré
   Sur le sol
   Endimanché

Un pas dans la nuit

Un pas dans la nuit
　　Celui de l'aurore dorée
　　　　En sa robe immaculée

Je l'attends encore et toujours
　　Telle une apparition

La joie et la douleur
　　Tissent une couronne de fleurs
　　　　Aux senteurs enivrantes
D'étoiles évanescentes

Un pas dans la nuit
　　Plus loin que l'aube
　　　　Apparue

Un chemin inattendu
　　Une bienheureuse clarté :

　　　　La vie tant aimée !

Au lever du jour

Au lever du jour
Pâle et morose
L'air est chargé de brumes
Faisant songer
Au début de l'automne

Soudain
Le soleil   s'étire
Sur la pelouse
Enflammant
Les gouttes de rosée

A l'intérieur
De la maison
Contre une vitre

Le cheng fuji
Se balance
Selon l'intensité
De ses rayons

Et de petits arcs-en-ciel
Virevoltent
De la boule de cristal
Scintillant de mille feux

Reflets du soleil
Contre les murs
Et la joie pénètre
Dans la maison

Reconnaître

Reconnaître

      L'importance de l'autre

A son insu

      Et savourer

Tel un baiser volé

      Ce sentiment

Qu'il ne sait …

Tristesse enfuie

Tu t'es enfuie
Ô tristesse
Tu n'es plus mon ombre
Mes pensées
Sans toi
Sont envols de colombe

Tu voles autour de moi
Mais je peux te chasser
N'étant qu'un mauvaise fée
A présent oubliée

Tu me couvrent de fleurs
De mauves chrysanthèmes
De violettes bruyères
Mais celles-ci m'indiffèrent

Colorée de dépit
Tu peux disparaître
Mon coeur est guéri
Et la joie retrouvée

L'heure a sonné
Ô tristesse
De clore mon chagrin
Tu peux t'enfuir
Vaincue
Je ne regrette rien

Dans une barque

Une jeune fille
Dans une barque
Endormie
Parmi les fleurs

Lumineuse dans l'été

Ses rêves
Se sont envolés
Vers l'azur

Sa robe écarlate
Ondule
Sous la brise
Dévoilant
Une jambe fuselée

Alanguie
Et
Sensuelle

Sa peau
Claire et veloutée
Ses cheveux
Eparpillés
Sa tête
Rejetée en arrière

Tout
En elle
Evoque l'abandon

Sous la barque
Frémissent des vagues

Mais rien
Ne pas effaroucher
Ses songes…

Est-elle
Une Vénus
Offerte au soleil ?

Tendre crépuscule

Etincelant de soleil
Le jour décline
Peu à peu

Derrière les toits
Et les collines boisées
Couleurs pastelles
Des forsythias
Et des prunus fleuris

Avant d'être saisis
Par l'ombre

Crépuscule doré
Qui vient s'allonger
Sur les longues herbes
Des prés sauvages

Tendrement

Le dernier amour

Le dernier amour
    Est un fruit trop mur
        S'accrochant à sa branche

        Une fleur trop éclose
      Aux fragiles pétales
Qui ne veut s'effeuiller

        Un quart de lune
Dans le ciel assombri
      Par une nuit très douce

Une feuille d'automne
        Aux couleurs empourprées
      Se croyant en été

        Une rivière discrète
A l'ombre des rochers
        Débouchant sur la mer

Le dernier amour
    Est un élixir
        Qui prolonge la vie

Parfum ivre

Parfum ivre
De la lavande
En gerbes bleutées

Envoûtée
Par la musique asiatique
Notes langoureuses
Qui conduisent
A l'extase amoureuse

Je rêve à lui
A son corps
Allongé sur le sable

Le Maître de ma vie…

Je lèche sa peau brune
Avec passion
Enivrée
De désirs frissonnants

Je m'enroule autour de lui
Telle une algue blonde
Aux cheveux mouvants

Notre chambre d'hôtel
Ce nid d'amour
Aux éclats de lune

Deviendra pour nous
Un temple sacré

Fabriquer une perle

Chasser
Tout souvenir
De ses pensées

Les fixer
Sur un axe d'or

Hésitantes
Inquiètes
Fébriles

Eterniser le rêve
D'un instant

Aimer le beau le vrai
Le sublime

Plonger en son coeur
Ecouter son écho

En extraire
Un sourire
Un regard
Un soupir

Et
D'une émotion
Fabriquer une perle …

Dans mon beau jardin

Dans mon beau jardin
  Eclatent des roses
 Après le jasmin
    Dans le clair matin

Dans mon beau jardin
    Les blondes jonquilles
Et les oeillets nains
    Parfument ma vie

Dans mon beau jardin
    S'ouvrent les glaïeuls
    Et les giroflées
Belles et veloutées

Crépuscule d'été

Des nuages violets

Se reflètent sur la mer

Entre eux deux

Le soleil

Irise les flots

D'une rose luminosité

Seule la terre

En trait noir

Les sépare

De l'infini bleu

Ce soir

Ce soir

Au chant du rossignol

Le ciel se fermera

Et l'herbe

Vêtue de rosée

Dessinera

Une étoile blanche....

Naissance du jour

Comme l'océan
Par-dessus l'horizon
J'aperçois l'infini du ciel

Lors d'une claire nuit d'été

Entre mes doigts
La lune
Semble en morceaux

Son reflet
En clarté d'or pâle
Scintille sur le lac
Couleur de nuit

Un frisson sur l'eau
Où s'était posée la nuit
Et l'aube apparaît

Avec son châle bleu
De douceur

Celle-ci se faufile
Jusqu'à moi
Pour achever mes rêves

Puis le jour
    Se déploie
Ainsi qu'une fleur ouverte
En incendiant le lointain
    D'un flot de lumière

Alors
Au petit matin
    Je me lèverai
        Pour cueillir
    La rosée des étoiles

Et je louerai la vie
    Forte et fragile
Semblable à un baiser

Table des Matières

www.ingramcontent.com/pod-product-compliance
Lightning Source LLC
Chambersburg PA
CBHW052043090426
42739CB00010B/2025